Heinrich Karl Brugsch

Über Bildung und Entwicklung der Schrift

Heinrich Karl Brugsch

Über Bildung und Entwicklung der Schrift

ISBN/EAN: 9783743697256

Hergestellt in Europa, USA, Kanada, Australien, Japan

Cover: Foto ©ninafisch / pixelio.de

Weitere Bücher finden Sie auf **www.hansebooks.com**

Sammlung gemeinverständlicher wissenschaftlicher Vorträge,

herausgegeben von

Rud. Virchow und Fr. v. Holtzendorff.

III. Serie.
(Heft 49—72 umfassend.)

Heft 64.

Ueber

Bildung und Entwicklung der Schrift.

Von

Heinrich Brugsch.

Mit einer Tafel in Steindruck.

Hamburg.
Verlag von J. F. Richter.

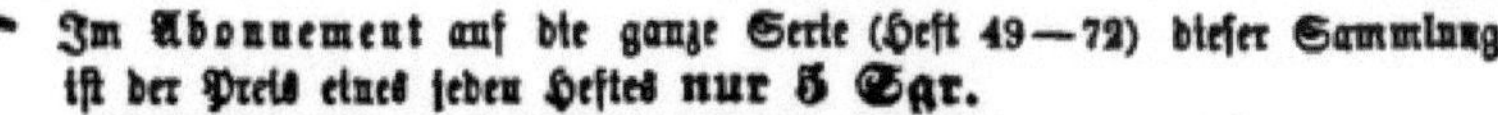

	Alt ägyptische Schrift. Monumental	Cursif.	Phönicische Schrift.	Griechische Schrift. Aeltere	Jüngere	Lateinische Schrift.
1.				A	A	A
2.				B	B	B
3.				˥	Γ	C
4.				Δ	Δ	D
5.				Ǝ	E	E
6.				ꟻ	F	F
7.			I	I, Z	I	Z
8.			θ	⊟	H	H
9.				⊗	⊙	
10.				ϟ	I	I
11.				ꓘ	K	K
12.			L	Λ	Λ	L
13.				M	M	M
14.				N	N	N
15.				⊞	Ξ	
16.			O	O	O	O
17.				Ρ	Π	P
18.				M		
19.			Ϙ	Ϙ	Ϙ	Q
20.				Ρ	P	R
21.			W	Σ	Σ	S
22.			+	T	T	T

Ueber

Bildung und Entwicklung der Schrift.

Von

Heinrich Brugsch.

Nebst einer Tafel in Steindruck.

Berlin, 1868.
C. G. Lüderitz'sche Verlagsbuchhandlung.
A. Charisius.

Die winzige Schaar jener kleinen, scheinbar so willkürlich gebildeten Zeichen, deren wir uns als Buchstaben beim Schreiben bedienen, darf sich mit Recht eines altersgrauen Ursprungs und einer ganz wunderbaren Vergangenheit rühmen. Wir wollen an diesem Orte nicht hinweisen auf ihre hohe Bedeutung als Vorläufer und Träger der Gesittung und Bildung der Völker, nicht hervorheben ihre weder vom Raum noch von der Zeit beschränkte Dienstbarkeit für die unendliche Zahl menschlicher Zwecke, mit einem Worte, wir wollen nicht ihre geschichtliche Bedeutung untersuchen, sondern, soweit dies innerhalb der Grenzen unseres heutigen Wissens überhaupt möglich ist, ihre Entstehung und ihre Entwickelung verfolgen, wie sie im Laufe von Jahrtausenden in vorhistorischer Zeit stufenweise vor sich gegangen ist, von den rohsten Anfängen ausgehend und sich allmählig zu jenen einfachen, von uns mit dem Namen der Buchstaben bezeichneten Gestalten vervollkommnend.

Denn man würde gewaltig irren, wollte man von vorn herein annehmen, daß jene uns so geläufige Schaar von Zeichen mit einem Male zur Welt gekommen sei, etwa so wie der Sage nach, die Göttin der Weisheit Athene aus dem Haupte des Zeus entsprungen ist. Im Gegentheil war ihre

Geburt der Endpunkt einer Reihe von Verwandlungen, deren verschiedene Stadien mit den Entwickelungsperioden der auf geistigem Gebiete vor- und fortschreitenden Menschheit in einem nicht zu läugnenden Zusammenhange stehen. Unsere Buchstaben sind das kurze Schlußresultat langer Rechnungen, deren Factoren für uns verloren zu sein scheinen. Das Gesetz der Folge ihrer Entwickelungen ist im Laufe der Zeiten der menschlichen Erinnerung entschwunden, keine Spur ihrer ältesten Vertreter und Vorläufer ist in den verschiedenen Perioden des Schriftthums ein und desselben Volkes erhalten geblieben. Und doch wollen wir den Versuch wagen, mit Hülfe der Analogie ihrem dunklen Ursprunge nachzuforschen. Bei dieser Untersuchung, die uns in die ältesten Zeiten des geistigen Lebens zurückversetzt, werden wir uns bemühen, den Beweis zu geben, daß die Buchstaben unserer Schrift hervorgegangen sind, als die letzten, einfachsten, natürlichsten Vertreter, aus einer beinahe unbegrenzten Menge bedeutungsvoller Bilder und Zeichen, welche vergessen wurden, als jene, in nothwendig beschränkter Anzahl und aller sinnlichen Nebenbedeutung entkleidet, sich zum schlichten Laut emancipirten und nun, wie von einer unsichtbaren Macht bewegt, ihren siegreichen, aber friedlichen Eroberungszug hielten von Land zu Land, von Volk zu Volk, von Geschlecht zu Geschlecht. Mit ihrem Eintritt trat die Geschichte in die Welt; der Griffel, welchen die Göttin führt, hat seitdem nicht aufgehört, die Thaten der Menschheit in dem großen Buche der Weltgeschichte zu verzeichnen.

In den glänzenden Räumen der vorjährigen allgemeinen Weltausstellung zu Paris befand sich eine besondere Abtheilung von Gegenständen des menschlichen Kunstfleißes, welche nach Entwicklungsstufen in den verschiedenen Zeiträumen der Geschichte des Menschengeschlechtes sinnreich geordnet, einen belehrenden Ueberblick über die Fortschritte des Culturlebens in chronologischer Aufeinanderfolge gewährten. Gleichsam als Einleitung dazu hatte man eine unscheinbare Sammlung alter fossiler Knochen an die Spitze der daselbst befindlichen Denkmäler gestellt, eine Sammlung, die für unseren Zweck eine ganz besondere Bedeutung beansprucht.

Gefunden in tiefen Erdschichten, auf dem Boden der menschlichen Urheimath, liefern, nach näherer Betrachtung und Untersuchung, diese versteinerten Ueberreste thierischer Körper zunächst den Beweis, daß wir uns im Geiste zurückzuversetzen haben in jene zeitlich unberechenbare Periode, welche die Wissenschaft heutzutage mit dem Namen der „Steinzeit" belegt hat. Da wo gegenwärtig blühende Culturländer, wohlgeordnete Staaten, ein nach Gesittung und Veredelung strebendes Menschengeschlecht in stetem, aber erfolgreichem Kampfe des Geistes mit der Materie den Boden der Erde bedecken, war das Bild der ewig ringenden Menschheit in unvordenklichen Zeiten ein gar anderes. In undurchdringlichen Wäldern, in Sümpfen und Seen tummelten sich in wildem Kampfe mit einander die Thiere der Vorwelt umher, und der schwache Mensch, in Höhlen oder auf Pfahlbauten im Wasser Schutz und Zuflucht suchend, wurde von seinen gefährlichen Nachbarn der ungeschlachten Thierwelt mehr verfolgt und gejagt, als er selber Jäger war. Wenn einzelne vor uralten Grabhöhlen gefundene Thierknochen der ersten Vermuthung Raum geben, daß der lebende Mensch jener geheimnißvollen Urwelt dem verstorbenen Bruder thierische Opfer, vielleicht verbunden mit einem Todtenmahle, dargebracht habe, so wird diese Vermuthung durch den eigenthümlichen Umstand fast zur Gewißheit erhoben, daß auf einzelnen dieser Knochen deutlich erkennbare Bilder mit scharfem, zugespitztem Steine eingegraben sind. Hier ist ein Rennthierähnlicher Hirsch abgebildet, dort der Kampf zweier Bären, hier erkennt man die deutliche Gestalt einer Blume, dort einen anderen Gegenstand, welche die Hand des Menschen der Stein-Periode in rohen Umrissen der Natur nachzubilden versucht hat.

Zu ernstem Nachdenken ermahnen diese schlichten Ueberreste der menschlichen Spuren der Vorzeit. Weit über alle Geschichte und Ueberlieferung hinaus versetzen sie uns möglichst nahe an die Wiege des Menschengeschlechtes.

Von solchen Spuren geleitet, hat der Scharfsinn der heutigen Denker bereits begonnen den geheimnißvollen Schleier seiner eigenen Vergangenheit zu lüften und aus den unscheinbarsten Ueberresten, welche der Schooß der Erde unversehrt geborgen hat, die dunklen Ahnungen über das Leben und die Formen jener Urzeiten durch wissenschaftliche Schlußfolgerungen zu hell leuchtenden Thatsachen umzugestalten. Mit Hülfe jener fossilen Ueberreste wird die Thier- und Pflanzenwelt wieder aufgebaut, jene zugespitzten, jene hammerförmig gestalteten Steine, dem Anscheine nach so kunstlose Massen, jene Pfähle und verkohlten Trümmer schützender Bauten der Vorzeit, sie dienen gegenwärtig als Wegweiser zu den fernsten Zeiten des menschlichen Urlebens.

Heben wir zunächst hervor, daß jene kindlichen Nachbildungen der Thier- und Pflanzenwelt auf fossilen Knochen in einem gewissen Sinne anzusehen sind als die Anfänge der Schrift in der Epoche des unmittelbarsten Zusammenlebens der menschlichen Creatur mit den ältesten Vertretern des heutigen Thiergeschlechtes. Der Mensch sah das Thier, die Blume, er ritzte die Umrisse des Gesehenen mit scharfer Steinspitze in den weicheren Knochen ein. Diese einfachen Bilder dienen uns als eine Schriftsprache, deutlicher und klarer als manche unverstandenen Schriftzüge aus den historischen Zeiten, mit deren Entzifferung sich der moderne Forscher vorläufig noch abmüht.

Nachahmung und Eingrabung des Gesehenen, die Fixirung des Bildes in seinen Umrissen, das sind die Urelemente aller Schrift. Die Schrift ist Malerei, die Malerei ist Schrift, denn der Grundgedanke beider ist derselbe: Erhaltung der Erinnerung an das Gesehene durch sichtbare Zeichen. Selbst in den Sprachen der verschiedenen Völker hat sich diese Anschauung oftmals deutlich erhalten, weil die Bezeichnungen für Malen und Schreiben darin mehrfach dieselben sind. Ja metaphorisch hat sich das Malen in den modernen Sprachen zum Ausdruck der getreuen Darstellung in dem schriftlichen Ausdruck erhalten Am häufigsten jedoch ist die Bezeichnung für Schreiben und Schrift der uralten Vorstellung vom Einkratzen entlehnt, wie z. B. im deutschen schreiben verwandt mit schraben, schrapen, schraffiren, holländisch *schryven*, schwedisch *skrifva*, dänisch *skrive*, isländisch *skrifa*, lateinisch *scrib-ere*, griechisch *graph-ein*, hebräisch *saphar*, altägyptisch *chet* u. s. w., welchen zum Theil auch wurzelhaft verwandten Benennungen insgesammt die Urbedeutung des Eingrabens, Einkratzens zu Grunde liegt.

Mit dem Eingraben des Bildes hatte der Mensch den ersten Schritt zur Schrift gethan. Wollen wir die nächste Stufe der Fortentwickelung kennen lernen, so müssen wir die Eingeborenen Amerikas aufsuchen, welche, auf der niedrigsten Culturstufe stehend, am nächsten verwandt dem Urmenschen der vorhistorischen Zeit, mit dem Namen der Wilden bezeichnet zu werden pflegen.

Auch die Schrift der Rothhaut ist Malerei, aber bereits vervollkommnet nach zwei Seiten hin; äußerlich durch die Zuthat der Farbe, welche geeignet ist, dem Bilde in vielen Fällen eine größere Leichtigkeit des Erkennens zu gewähren, — wir erinnern nur an die Darstellung der Rothhaut und des weißen Mannes, mit Hülfe der rothen und weißen Farbe, — geistig durch die Zusammenstellung mehrerer Bilder, welche in ihrer Combination zum Ausdruck eines bestimmten Gedankens dienen. Diese Schrift ist eine wahre Weltschrift, sie ist allen Menschen verständlich, unter der Voraussetzung, daß der Beschauende die Bilder zu erkennen und den einfachen Vorstellungen zu folgen im Stande ist. Eine Wanderung seines Stammes nach einer anderen Gegend drückt der Wilde beispielsweise aus durch die Abbildung mehrerer Zelte; gegenüber davon befindet sich ein See mit welligen Wasserlinien darin; Zelt und See sind durch eine Reihe menschlicher Fußtapfen verbunden. Der Gedanke der Veränderung des Wohnplatzes oder einer Wanderung ist kindlich einfach wiedergegeben durch eine Zusammenstellung von Zeichen, über deren wechselseitige Beziehung so leicht kein Mißverständniß obwalten kann. Es ist dies wesentlich nichts anderes, als die Schrift unserer Kinder, welche kleine Begebenheiten ihres Daseins auf Mauerwänden zu verewigen suchen. Ja in halb civilisirten Ländern, woselbst das Schreiben und das Lesen noch nicht Jedermanns Sache ist, war und ist diese Art allgemein verständlicher Ausdrucksweise mit Hülfe des Bildes nichts ungewöhnliches. Im 17. Jahrhundert, unter der Regierung Ludwigs XIII., gab es in Paris ein wohlbekanntes Wirthshaus, dessen Aushänge-Schild folgende Darstellung trug. Ein Haus, daneben ein dicker Türke sitzend mit rothem langen Bart, darüber eine Sonne, davor in einiger Entfernung ein Wanderer zu Fuß und ein anderer zu Pferd. Das Ganze sollte den Leuten sagen: „Dies ist das Wirthshaus zum gefärbten Barte, gehalten von Herrn Sonne, woselbst Wanderer für sich und ihre Thiere ein Unterkommen finden.“ Besonders häufig begegnet man derartigen Darstellungen noch in unseren Tagen an einzelnen Häusern morgenländischer Städte. Da sieht man über der Thür, an der weiß gestrichenen Wand, mehrere Hütten mit einer Moschee in der Mitte, ein Kameel mit einem Teppich auf dem Rücken, ein anderes das einen Reiter trägt, dann einen Eisenbahnzug, Wasser, ein Schiff, demnächst mehrere Kameele mit Reitern und Gepäck, einen Löwen, endlich eine Moschee von Palmenbäumen umgeben. Allen, die an dem Hause vorübergehen, wird hierdurch angezeigt: „ich, der Besitzer dieses Hauses, bin von meiner Stadt aus mit der Mekkapilger-Karawane nach der Hafenstadt Suez aufgebrochen, habe mich mit anderen Pilgern vereinigt, bin mit ihnen durch die von wilden Thieren bewohnte Wüste unbehelligt gezogen und habe glücklich Mekka erreicht."

Diese Art von Schrift ist ebensowohl für den Eingeborenen verständlich, als für den Europäer, welcher die Sitten und den Ideenkreis der Bewohner des Morgenlandes kennt. Im anderen Falle würden bisweilen Irrungen unvermeidlich sein, wie Abbé Domenèche, der Verfasser des Buches der Wilden, zu seinem großen Schaden hat erfahren müssen. Aber diese Schrift, wie wir gleich dazu bemerken wollen, entsprechend der niedrigen Culturstufe des oder der Schreibenden, kann sich nur in einem sehr beschränkten Kreise bewegen. Für einen größeren Kreis von Anschauungen, für einen erweiterten Ideengang, für eine fortschreitende Bildung würde sie nicht mehr ausreichen. Da erst tritt die wichtige, dritte Stufe in der Schriftentwicklung ein, die höhere Stufe der Schöpfung conventioneller Zeichen und Bilder.

Denn bei aller Kindlichkeit ist jene einfache Schrift bis zu einem gewissen Grade hin, einer Vervollkommnung fähig, sowohl in der Wahl der Bilder, als in deren Zusammenstellung. Je mehr sich der Ideenkreis eines Volkes erweitert, je reicher die selbst geschaffene Außenwelt wird, je mehr der Geist sich zum Denken erhebt und die Begriffswelt zum Ausdruck kommt, je näher tritt das Bedürfniß an den Menschen, für diese erweiterte Welt, in gleichem Schritt mit der nothwendig erweiterten Fülle von Wörtern, eine umfassende Schrift zu bilden, eine Schrift, die sich dem Ausdruck des Wortes und des Gedankens in gleicher Weise leiht. Die alten Bilder reichen nicht mehr aus, eine Masse neuer Zeichen wird geschaffen, welche geeignet sind Sinnliches und Uebersinnliches nach Uebereinkunft auszudrücken. Der Kreis der Eingeweihten ist noch klein; es genügt nicht mehr, die bekannten Bilder zu erkennen, die noch unbekannten müssen erlernt werden. Die umfangreiche Schrift wird bereits ein Studium. Jedes Bild hat seine besondere Aussprache, die Bilder folgen aufeinander wie die Worte in dem gesprochenen Satze. Die Sprache wird das nothwendige Substrat der Schrift. Die Schrift der Chinesen und der mexikanischen Azteken, in älteren durch kein Schriftdenkmal vertretenen Epochen auch die Schrift der Aegypter und der Assyrer gehören hierher.

Eine solche Schrift läßt sich also nicht mehr errathen, denn die größere Masse von Bildern hat einen conventionellen Werth erhalten. Zu ihrer Entzifferung ist die Kenntniß der Bedeutung eines jeden Zeichens nöthig, im äußersten Falle selbst ohne Kenntniß der Aussprache des Wortes in der betreffenden Sprache. Diese Schrift bedarf mithin eines Schlüssels, der die Thür zu ihrem Verständniß öffnet. Ohne diesen Schlüssel (wie es z. B. thatsächlich bei der Schrift der Azteken der Fall) ist und bleibt sie ein ewiges, nicht zu enträthselndes Geheimniß. Aber diese Schrift, bei allem Scharfsinn in Betreff der Wahl und Bestimmung der einzelnen Zeichen, wäre nicht im Stande, ein gegebenes Wort, z. B. einen Eigennamen, einer fremden Sprache dem Laute nach wiederzugeben.

Und doch fand der menschliche Scharfsinn einen Ausweg oder vielmehr einen Umweg, um an das Ziel so nah wie möglich zu gelangen, und dieser Umweg war es, welcher der erste Wegweiser zur Lautschrift ward.

Bleiben wir auf kurze Zeit in der Gesellschaft der mexikanischen Azteken.

Als die frommen Franziskaner zu den Eingeborenen von Anahuac kamen, um sie in den ersten Grundlagen der christlichen Religion zu unterrichten, wurde den Schreibkundigen aufgegeben das lateinische Vaterunser, das Pater Noster, nicht nur zu übersetzen, sondern auch mit den Lauten desselben in der lateinischen Sprache niederzuschreiben.

Eine schwere Aufgabe in einer Schrift, welche nur aus bildlichen Zeichen besteht, und für die eigene Sprache berechnet ist. Und doch lösten die mexikanischen Hierogrammaten diese schwierige Forderung und zwar in einer Weise, deren wir uns heute noch unter der Bezeichnung der Rebus-Schrift zu bedienen pflegen.

Sie nahmen Abstand von der Bedeutung ihrer Bilderzeichen, nahmen allein Rücksicht auf den Laut des ausgesprochenen Wortes, und wählten zur Rebus-Componirung die den Sylben des lateinischen Pater Noster am ähnlichsten klingenden Wort-Zeichen.

So malten sie ein Fähnchen, welches die Aussprache *pan* hatte, einen Stein = *tete*, eine Cactusfeige = *nosch*, und wiederum einen Stein = *tete* u. s. w. Sie ließen somit die eigentliche, durch die Bilder in der Schrift und durch das Wort in der Sprache gegebene Bedeutung jener Zeichen fallen, und hatten ein Mittel gefunden, wenigstens annähernd durch *pan-*

tete noschtete die Aussprache des lateinischen Pater Noster festzustellen.

Viel leichter wurde es ihnen dagegen in der eigenen Schrift die Uebersetzung der christlichen Gebete auszudrücken. So erzählt Pater Acosta, daß sie das Glaubensbekenntniß in folgender Weise mit Hülfe ihrer Bilderschrift ausgedrückt hätten: „Für: ich glaube an, malen sie einen Indianer, der zu den Füßen eines Geistlichen sein Glaubensbekenntniß knieend hersagt; an Stelle der Worte: Gott den Allmächtigen, drei Köpfe mit drei Kronen, um die Dreieinigkeit zu bezeichnen; für: an die glorreiche Jungfrau Maria, malen sie Porträt und Oberkörper unserer Lieben Frau mit dem Kinde u. s. w." [1])

Die Schrift der Mexikaner blieb hierbei stehen. Die Bücher der Azteken, soweit solche nicht ihres heidnischen Inhaltes wegen durch die Kirche und wegen der Kirche vernichtet wurden, sind sämmtlich in solcher Bilderschrift niedergeschrieben. Ein Fortschritt zur reinen Lautschrift ist nirgends sichtbar.

Die Brücke hierzu bildete jene oben bezeichnete Rebus-Methode zunächst zur Schreibung von Fremdwörtern. Wir betreten mit dieser die bedeutungsvolle Stufe der Lautschrift.

Aegypter, Assyrer, Chinesen haben, wie es scheint unabhängig von einander, diesen ersten großen Schritt gethan. Jene schreiblustigen und schriftbedürftigen Völker sannen darauf, wie durch ihre Bilder nicht nur der Gedanke an die dadurch bezeichneten Gegenstände oder Vorstellungen erweckt, sondern wie auch sofort die Aussprache des bezüglichen Wortes ohne Mißverständniß fixirt werden könnte.

Erleichtert wurde vor allem die Ausführung dieses Strebens durch die Sprachen, welche mit sehr geringen Ausnahmen aus einsylbigen Wurzeln gebildet sind.

Setzen wir für einen Augenblick den unglücklichen Fall,

wir besäßen keine Buchstabenschrift, sondern, wie die Azteken, eine reine Bilderschrift. Nehmen wir an, wir wollten den Satz schreiben: „der Soldat trinkt ein Glas Wein", so würden wir, mit den betreffenden charakteristischen Zeichen, durch die folgenden Bilder eines Soldaten, eines Trinkenden, eines Glases und einer Weinflasche, diesen Gedanken ziemlich deutlich ausdrücken. Ein andrer würde, unbeschadet des allgemeinen Sinnes, unsere Hieroglyphen so lesen dürfen: „Der Krieger schlürft einen Becher Rothspon". Eine solche Entzifferung würde in der Prosa wenig Schaden anrichten, einem Poeten jedoch, der auf Reime ausgeht, entsetzliche Nachtheile bringen, ja diese Art der Poesie rein unmöglich machen. Könnte nicht einer, wie jener Schildbürger, den folgenden Reimvers

„ich heiße Meister Brand,
und lege den Spieß an die Wand"

auch so lesen:

„ich heiße Meister Brand,
und lege den Spieß an die Mauer"?

Der Sinn ist derselbe, aber mit dem Reime ist es aus. Wie hier helfen? Irgend ein kluger Mann kommt nun auf folgenden sinnreichen Ausweg.

Er wählt aus den Bildern eine begrenzte Zahl aus, denen er unveränderlich ein und denselben Lautwerth giebt, nämlich denjenigen des Wortes, welcher dem durch das Bild bezeichneten Gegenstand in der gesprochenen Sprache zukommt. Also eine Weinflasche wird stets auszusprechen sein Wein; das Bild eines Beines Bein, das eines Auges Aug, das einer Hand Hand u. s. f. Diesen in Repräsentanten der entsprechenden Lautwerthe verwandelten Bildern läßt er andere folgen, welche an sich stumm, den Lautbildern als Hinweis auf die denselben inne wohnende besondere Bedeutung dienen. Also um z. B. den

Stamm wein in dem Zeitwort „weinen" auszudrücken, würde man das Lautbild der Flasche (mit der Aussprache Wein) hinmalen, und daneben das Bild einer weinenden Person setzen, um dem Laute Wein in seiner besonderen Bedeutung die bestimmte Richtung der Vorstellung zu geben. Um den Thoren, d. h. einen närrischen Menschen zu schreiben, würde man die Aussprache desselben durch das Bild eines Thores darstellen, dagegen die besondere Auffassung des Wortes in diesem Falle durch die hinzugefügte Abbildung eines Menschen näher bestimmen.

Ein solches Schriftsystem scheint beschwerlich und unbeholfen zu sein, ist es aber thatsächlich nur in seiner Anwendung auf unsere reich gegliederten und wurzelhaft erweiterten modernen Sprachen. Bei einsylbigen Sprachen, wie z. B. die chinesische ist, hat diese Art von Schrift ihre ganz besonderen Vorzüge. Ein bestimmtes Zeichen hat im Chinesischen den Sylbenwerth *pa*. Ohne jene beigefügten näheren Bestimmungszeichen, oder wie man sie in Bezug auf die chinesische Schrift benennt: die Klassenzeichen, würde der Chinese im Zweifel sein, was das Bild *pa* zu bedeuten habe. Sieht er dagegen neben demselben das Klassenzeichen der Pflanze oder das des Eisens, so weiß er, daß im ersteren Falle das Wort *pa*, die Banane, im letzteren Falle das Wort *pa*, der Kriegswagen gemeint ist.

Was bei den Chinesen noch gegenwärtig die allgemeinste Regel ihres Schriftsystems ist, war bereits mehr als 5000 Jahre vor unseren Tagen bei den alten Aegyptern ein durchweg geltender Satz. Jene Bilder mit bestimmten Lautwerthen nennt die moderne Wissenschaft Sylbenzeichen, die stummen Klassenzeichen dagegen Determinativ- oder Deutzeichen.

So hieß die Laute bei den alten Bewohnern des Nilthales *nefer* oder *nefel* (ein Wort auch insofern interessant, als es sich in der hebräischen Sprache in der Gestalt *nebäl*, und im griechischen *nabla*, *navla*, wie im lateinischen *nablium* erhalten hat). Das Bild dieses uralten musikalischen Instrumentes erhielt den Werth eines Sylbenzeichens *nefel* und alle so lautenden Wörter wurden mit Hülfe desselben geschrieben. Welche besondere Bedeutung zu wählen ist, zeigt das daneben stehende stumme Deutbild an. *Nefel* heißt Fohlen, wenn das Deutzeichen eines Pferdes damit verbunden ist, Jüngling wenn ein Mann, Jungfrau wenn eine Frau dahinter abgebildet ist, Rekrut wenn das Bild eines Kriegers folgt, Feuer wenn das Bild einer Flamme, Thür wenn das eines Thores, Strick, wenn das eines zusammengerollten Taues daneben steht. Und so in tausend anderen Beispielen.

Die Aegypter, welche wir, um es von vornherein zu sagen, für die Schreiblehrer der ältesten Culturwelt zu halten berechtigt sind, blieben hierbei nicht stehen.

Sie waren es, welche den letzten großen Schritt thaten, der zu unserem modernen Schriftsystem führte, indem sie einer kleinen Zahl vocalisch auslautender Sylbenzeichen einen reinen Buchstabenwerth gaben und in dieser Weise, den Lauten ihrer Sprache angemessen, ein wahres Alphabet von fünfundzwanzig Buchstaben bildeten. Mit dieser Entdeckung standen sie bereits in den nachweisbar ältesten Zeiten der menschlichen Geschichte auf der Höhe vollkommenster Schrift, verschmähten jedoch die consequente Durchführung der so einfachen Buchstabenschrift aus dem Grunde, weil ihre Schrift — „die Schrift der Götter" — mit einem Schlage jenen decorativen Charakter verloren haben würde, der alle ihre öffentlichen und Privatdenkmäler so eigenthümlich auszeichnet.

Die verschiedenen Methoden, welche sie von der einfachen

Bilderschrift an bis zur Anwendung der Buchstabenzeichen hin, in einem gewiß langen Zeitraume zum Ausdruck ihrer Gedanken angewandt hatten, verschwanden nicht, nachdem die nächst höhere, vollkommnere Stufe des Schriftsystems scharfsinnig erfunden war, sondern sie wurden ohne Ausschluß der einen oder der anderen Stufe, *nebeneinander* und *miteinander verbunden*, je nach dem Belieben des Schreibenden in Anwendung gebracht. Dasselbe Wort konnte von ihnen in der verschiedenartigsten Weise geschrieben werden, und die Text-Varianten liefern uns die vollgültigsten Beweise, wie sehr, oft in geistvollen Combinationen, die Methode zu variiren pflegte. Der Mond hieß in ihrer Sprache *ab*. Die verschiedenen Varianten belehren uns, daß diese Vorstellung ausgedrückt werden konnte: 1) durch das bloße Bild des Halbmondes; 2) durch ein Sylbenzeichen *ab*, dem der Mond als Deutzeichen folgte; 3) durch dasselbe Sylbenzeichen *ab* mit Anschluß der Buchstaben *a* und *b* und des folgenden Mondes als Deutbild; 4) durch die Buchstaben *a* und *b*, mit dem Bilde des Mondes dahinter; 5) durch die Buchstaben *ab*, ohne jedes Deutzeichen.

Daß eine solche Schrift, mit Rücksicht auf den unendlichen Reichthum vorhandener Varianten, anstatt unklar und verwirrend zu sein, dem Entzifferer im Gegentheil sehr erwünschte Hülfsmittel an die Hand geben muß, um ein gegebenes Wort zu lesen oder seine Bedeutung festzustellen, liegt auf der Hand und ist durch die bedeutenden Fortschritte der sogenannten Hieroglyphen-Entzifferung in unserem Jahrhundert mehr als genugsam erwiesen. Aber daß andererseits eine solche verschwenderische Schrift einem praktischen Volke, welches das Schreiben nicht als Zweck, sondern als Mittel betrachtete, auf die Dauer nicht annehmbar erscheinen mußte, dürfte ebenso wenig bestreitbar sein.

Und ein solches Volk waren die Engländer des Alterthums, die kaufmännischen Phönizier. Als (stammverwandte?) Nachbaren der Aegypter im engsten Verkehr mit dem Pharaonen-Volke stehend, war ihnen der Weg zur Kenntniß des äpyptischen Schriftsystems erschlossen oder wenigstens zugänglich geworden. Die große, beinahe unbewußt vollzogene Eroberung des Menschengeistes, der im fernen Nilthale nach langer Arbeit bis zur Erkenntniß der einfachen Buchstabenwerthe vorgedrungen war, aber in seltenem starren Festhalten an dem Althergebrachten in der Anwendung derselben nicht zum vollen Durchbruch zu gelangen wußte, ich sage diese Eroberung machten sich die phönizischen Männer zu Nutze.

Sie entlehnten dem altägyptischen Schriftsystem die Buchstabenzeichen, adoptirten die einfachen Züge derselben, wie sie sich als Bücherschrift, eine Art von Abkürzung der monumentalen Schriftzeichen, in den ägyptischen Papyrusrollen zeigt, und wendeten sie praktisch zum schriftlichen Ausdruck ihrer eigenen Sprache an.[2])

Der Erfolg war ein Weltereigniß. Denn die „phönizischen Zeichen“ wurden das gemeinsame Band, das viele Völker umschlang und eine ungeahnte Bewegung in dem Culturleben der alten Welt hervorrief. Die Völker der Küstenländer des Mittelmeeres, vor allen der hellenische Stamm, machten sich die neuen Wunderzeichen zu eigen, die von nun an eine Wanderung durch Räume und Zeit anstellten, deren Züge bis auf den heutigen Tag unaufhaltsam vorwärts streben. Vorläufer aller Cultur, dringen sie in die fernsten Winkel der Erde, Licht und Helle verbreitend, Träger des Geistes, Sitten veredelnd, überall herrschend und doch so dienstbar dem Menschen und seinen Zwecken. Diese Buchstabenschrift wurde, nach den schönen Worten Alexander von Humboldt's, die Trägerin des Edelsten, was in den beiden großen Sphären, der Intelligenz und der Gefühle, des forschenden Sinnes und der schaffenden Einbildungskraft, das Volk der Hellenen errungen und als eine unvergängliche Wohlthat der spätesten Nachwelt vererbt hat.[3])

Ihre Wanderungen zu verfolgen, dazu würden die Grenzen dieser bescheidenen Blätter bei weitem nicht ausreichen. Wir wollen uns begnügen, an der Quelle zu verweilen, und zu zeigen, wie sich die äußeren Formen dieser Buchstaben im Altägyptischen, im Phönizischen und im Altgriechischen zu einander verhalten.

Wir erlauben uns, der besseren Uebersicht wegen auf die angeschlossene Tafel zu verweisen, zu deren Erklärung folgende Bemerkungen nothwendig erscheinen dürften.

Die beiden ersten Colonnen enthalten die altägyptischen Buchstaben, insoweit sie den Lauten des phönizischen Alphabets entsprechen; und zwar die erste Colonne die Zeichen der Monumentalschrift in linearem Charakter, und die zweite die entsprechenden Zeichen in ihrer cursiven Gestalt. Die dritte Colonne daneben zeigt uns die alphabetischen Zeichen der phönizischen Schrift, wie dieselben, gegenwärtig zweifellos erkannt und ihrem Lautwerthe nach bestimmt, in vielen phönizischen Inschriften vorliegen. Die griechischen Schriftzeichen haben wir in den darauf folgenden Reihen zusammengestellt, und zwar zunächst das altgriechische Alphabet in seiner Urgestalt und linksläufig, wie seine morgenländischen Schwestern (bekanntlich war dies die älteste Richtung der griechischen Schrift), darauf dieselben in ihrer späteren Gestalt, welche der rechtsläufigen Schrift angepaßt ist. Den Schluß bildet die entsprechende Reihe des lateinischen Alphabetes.

Ueber den Ursprung des griechischen Alphabetes aus dem

phönizischen haben wir kaum ein Wort zu verlieren nöthig.[4]) Wäre auch die bestimmteste Ueberlieferung darüber, wie sie sich bei einzelnen griechischen Schriftstellern vorfindet, für Zweifler kein vollgewichtiges Zeugniß, so lehrt eine selbst oberflächliche Vergleichung der altphönizischen und altgriechischen Buchstaben-Formen die Uebereinstimmung in der zwingendsten Weise.

Wird die Vergleichung zwischen den altphönizischen Buchstaben und den entsprechenden altägyptischen Zeichen fortgesetzt, so ist auch da die beinahe vollständige Uebereinstimmung in die Augen springend. Wir berühren hier nur die Bedeutung des Bildes der einzelnen ägyptischen Charaktere in der Monumentalschrift, um unseren Lesern was wir beweisen wollten zu beweisen, daß nämlich unsere schlichten, scheinbar so willkürlichen Buchstaben einen bedeutungsvollen Ursprung haben, der sich bis zu den Marksteinen der menschlichen Geschichte, bis zu den Pyramiden und der Epoche ihrer Erbauung, in ununterbrochener Folge der Zeugnisse zurückführen läßt.

Der König der gefiederten Welt, der Adler, beginnt den Reigen. Aus ihm ist durch Umwandlung, ohne Verlust der charakteristischen Hauptlinien seines Bildes, unser A hervorgegangen.

Ihm reihte sich als Vertreter des B, ein anderer Vogel an, dessen Gestalt, besonders ausgezeichnet durch ein Federbüschelchen vorn an der Brust, zoologisch schwieriger zu bestimmen sein dürfte. Dem alten Aegypter galt dieser Vogel als ein Symbol der menschlichen Seele.

Leichter wird es uns bei dem folgenden Bilde, welches ein Gefäß mit einem Henkel daran vorstellt. Der häusliche Gegenstand hatte die Ehre als Repräsentant des *k*- oder *g*-Lautes in die Reihe der alphabetischen Zeichen zu treten. Die Phönizier wählten seine cursive Gestalt zum Ausdruck ihres *g*-Lautes und selbst die Aegypter folgten ihnen nicht selten darin bei Umschreibung des semitischen *g*.

Die ausgestreckte Hand mit darüber ragendem Daumen wurde zum Vertreter des *d*-Lautes gewählt, wie das folgende Zeichen, die Hürde, zur Bezeichnung des *h*, eines unendlich schwachen Hauchlautes, der sich zuletzt bis zu unserem E abgenutzt hat.

Die Hornschlange wurde zur Darstellung des Lautes *f* gewählt, und erfüllte ihre Rolle so getreulich, das ihre Gestalt noch gegenwärtig in unserem F erkennbar ist. Wer hätte glauben sollen, daß hinter diesem unschuldigen Zeichen eine Schlange verborgen liegt, deren Hörner in den beiden Strichelchen so drohend hervorragen.

Ein unschuldiges Vöglein, das noch nicht flügge ist, bildet die nächste Nachbarschaft der Schlange. Seine Rolle als z-Zeichen wird vom Altägyptischen an durch die ganzen nebenstehenden Colonnenzeichen gewährleistet.

Ein Sieb, wenn anders uns nicht das Bild grob täuscht, bezeichnete den Hauch-Laut, welchen die Morgenländer in dem Namen ihres Propheten Mohammed (gleichsam Mohhamed) uns so fühlbar entgegenhauchen, als spalte die Luft ein zweischneidiges Schwert. Die Phönizier wählten das Zeichen zur graphischen Darstellung desselben Lautes, die Griechen dagegen nahmen von ihnen das Bild, um ihr langes schweres *e* dadurch zu bezeichnen. Die Lateiner machten den Fehler annähernd wieder gut und ließen mit H den Hauchlaut, *h* wenn auch in schwächerem Maaße, von Neuem wieder aufleben.

Das neunte Zeichen, beinahe einer Zange zu vergleichen, scheint für uns verloren gegangen zu sein. Es drückte ein stärkeres *t* aus, als wir es mit unserem Sprachorgan auszusprechen vermögen. Phöniziern und Griechen kam es gelegen;

hätten die Engländer zu ihrer Zeit gelebt, vielleicht daß sie ihr *th* damit bezeichnet haben würden.

Zwei Strichelchen, bald schräg liegend, bald gerade stehend, vertraten im altägyptischen Alphabet das *i*, sowie der Korb darunter einen von deu drei Gaumenlauten des Aegyptischen. Phönizier und Griechen wählten den Korb zur Darstellung ihres *k*.

Die *l*-Natur des Leuen, des zwölften Zeichens unserer Liste, tritt uns in vielen Sprachen in seinen Bezeichnungen entgegen. Sein Bild galt den Aegyptern als ein guter Vertreter des *l*-Lautes und mit Behagen adoptirten die Phönizier sein cursives ägyptisches Bild. Kaum glaublich und doch wahr ist es, daß in unserem L ein Löwe verborgen steckt.

Der ägyptischen Nachteule ging es nicht besser. Sie flog zu den Phöniziern, zu den Griechen und zu allen Völkern der civilisirten alten und neuen Welt, um ihnen beim Schreiben als M-Eule zu helfen. Und doch, wer hätte es wagen sollen zu sagen, daß in dem geknickten M ein so düsterer Vogel steckt, denn auch den Aegyptern galt die Eule vorzugsweise als der Todtenvogel.

Für den flüchtigen Laut des *n* wählten die alten Aegypter als Bezeichnung die Wasserlinie, deren Wellenlinie selbst in unserer deutschen Cursivschrift wieder deutlich hervortritt.

Das fünfzehnte Zeichen unserer Tabelle stellt einen altägyptischen Thürriegel vor. Er ist das Symbol des scharfen *s*, das sich durch das phönizische Alphabet hindurch bis zum griechischen *x* verstiegen hat, während sich unser *s*, viel poetischer als der Thürriegel, von einer mit Bäumen bepflanzten Aue (s. Nr. 21) herleitet. Die Aegypter sprachen das letztere wie unser *sch* aus, die Semiten wie *s* und *sch*, die

Griechen und Lateiner verwandten es zur Bezeichnung des *e* und so nahmen wir es gleichfalls in Gebrauch.

Der Ursprung unseres *o*, seiner äußeren Gestalt nach, ist in dem *o* ähnlichen Zeichen des phönizischen Alphabets zu suchen, das jenen eigenthümlichen Halbvokal der semitischen Zunge ausdrückt, welcher den Namen *Ain* führt und für einen Europäer, wenigstens für die meisten, so gut wie unaussprechbar ist. Im altägyptischen Alphabet steht diesem Zeichen eine Gruppe (Nr. 16 der Tabelle) gegenüber, welche den Werth eines Sylbenzeichens mit dem Anlaut jenes *Ain* hat.

Ein Fensterähnliches Viereck in der altägyptischen Zeichenwelt drückte den Laut *p*. aus. Die Ableitungen, bis zu unserem P hin, sind mehr als blos zufällige Stufen von Aehnlichkeiten. Die langgeschwänzte Schlange, ein Mittellaut zwischen *t* und *z* ist unserem Alphabet entwischt und hat sich nur noch im älteren griechischen Alphabet erhalten. Dafür ist das folgende Dreieck williger gefolgt, bis zu unserem Q hin. Nicht weniger war dies der Fall mit dem Bilde des Mundes, bei den alten Aegyptern das sichtbare Sinnbild des *r*-Lautes, das trotz seiner cursiven, für die Wanderschaft wenig geeigneten Gestalt, in allen Colonnen die Urform treu bewahrt hat.

Ueber die mit Bäumen bewachsene Aue haben wir bereits oben das zum Verständniß Nothwendige bemerkt. Wir können somit den alphabetischen Bilderreigen mit dem letzten Zeichen beschließen, das einem langgezogenen Tropfen nicht unähnlich sieht. Es ist dies der Stellvertreter des *t*-Lautes, aus dem sich zuletzt die Gestalt unseres T entwickelt hat.

Es kann nicht unsere Aufgabe sein, die vielverzweigten Wanderungen oder Spuren zu verfolgen, welche im Laufe der Geschichte und der Civilisation die kleine Gesellschaft jener merkwürdigen Zeichen genommen hat. Die Geschichte ist ihre eigene

Geschichte. Es ist vielmehr unsere Absicht, auf die Quelle ihrer Entstehung zu verweisen, die bereits fernen Zeiten angehört, welche dem Gedächtniß der Menschen für immer entschwunden zu sein schienen. Jene altersgrauen Inschriften, an welchen Jahrtausende lang Heereszüge und Karawanen vorüber gezogen sind, haben gegenwärtig aufgehört, unverstandene Räthsel zu sein. Das Licht der modernen Forschung hat auch sie erleuchtet, und was sie an Helle empfangen, strahlen sie mit tausendfachem Glanze zurück. Sie lehren uns, daß jenseits unserer Geschichte, unserer Civilisation eine ältere Vorschule der Menschheit auf dem Boden einer thatenreichen Geschichte und einer hohen, sittlich begründeten Civilisation um den Lorbeer geistigen Ruhmes rang. Sie beweisen uns, daß unsere sogenannte alte Geschichte nur der Anfangspunkt der modernen Geschichte der Menschheit ist, und sie sagen uns endlich, daß wenn auch Zeit und Raum die nothwendigen Bedingungen der geschichtlichen Gestalt sind, welche wandelt und sich ändert unter dem Einflusse der welthistorischen Ereignisse, so doch des Menschen Geist seine vorgezeichnete Bahn nach den ewig unwandelbaren Gesetzen der Läuterung und Entwicklung zurücklegt.

Als die Phönizier den Joniern die Schrift reichten, da war eine weltgeschichtliche Thatsache erfüllt. Das Morgenland reichte dem Abendlande sein Vermächtniß, denn der Osten trat dem Westen seine Rolle ab; eine Culturperiode war auf dem Boden uralter Heimath des Menschengeschlechtes vorübergezogen, und das Morgenroth eines anderen Tages der menschlichen Entwicklung stieg empor an dem Horizonte der Geschichte. Eine neue Zeit baute sich aus den Trümmern der alten auf, wie der junge Phönix sich erhebt aus der Asche des alten. Und das Vermächtniß jener geheimnißvollen Zeichen war die Kette, welche das Neue mit dem Alten auf ewig binden sollte.

Das was im Kampfe schwer ringender Zeiten die Völker des Ostens auf den Gebieten der Erfahrung, der Erkenntniß und der Veredelung des Geistes erreicht hatten, es hatte sich unbewußt auf die neuen Helden der weltgeschichtlichen Schaubühne vererbt, auf die der vorwärts schreitende Zeitgeist unsichtbar den Fuß gesetzt hatte. Aber der jungen, von frischem Geistesleben erfüllten Welt erschien die Größe der Ahnmutter im Osten nur noch wie ein Bild schwacher Erinnerung im Lichte des Mährchens und der Sage, ein Bild, das sich um so mehr verwischte und in dem Grade in den Hintergrund zurücktrat, je schneller die Epigonen der Menschheit, getrieben vom unsichtbaren Weltgeiste, auf der neuen Bahn der Weltgeschichte zu neuen Zielen anstrebten.

Und ihre Wegmesser? Es waren wiederum die einfachen schlichten Buchstaben, und sie sind es geblieben bis auf den heutigen Tag.

Die Erbschaft, welche die junge Welt im Westen vom Osten übernommen hatte, ist zu einem Kapitale angewachsen, das unberechenbare Zinsen getragen hat und nicht aufhören wird zu tragen. Wenn das kleine Vermächtniß im Anfang nicht hinreichte, den unmittelbaren Erben die Wege zu der geheimnißvollen Ahnmutter zu öffnen, so ist gegenwärtig die Zeit erschienen, das Versäumte nachzuholen, sind auch die Abstände vom Ziele seitdem größer geworden.

Wir sehen im Osten die längst untergegangen geglaubte Zeit von Neuem aus dem Grabe erstehen. Wir treten die Gesammt-Erbschaft an. Die Denkmäler mit ihren Tausenden von Inschriften fangen an sich zu beleben und wie von einem Zauberstabe berührt erzählen uns die Königspaläste an den Ufern des Euphrat und Tigris ebensowohl als die Tempel und Gräber im engen Nilthale von den Werken und Thaten der damals lebenden Geschlechter. Versetzen wir uns zum Schlusse an jene Stätten uralten Culturlebens und verfolgen wir vor ihnen jene Spuren, die mit den Buchstaben und mit der Schrift in engem Zusammenhange stehen.

Wenn die Frage nach dem Alter der Menschheit, nach dem heutigen Stande der Wissenschaft, immer noch der Beantwortung entgegensieht, so hat dagegen die Frage betreffend die ältesten Zeugnisse des Vorkommens der Menschheit d. h. der Menschheit, welche Zeugnisse ihres Daseins hinterlassen hat, ihre Antwort bereits empfangen. So weit die Denkmälerkunde bis heute reicht, so weit der Culturboden der alten Welt durchwühlt und durchforscht ist, erscheint Aegypten als das Centrum der ältesten Gesittung. Kein Volk, kein Land der Erde hat gleichzeitige Denkmäler hinterlassen, welche an Alter die ägyptischen überträfen.[5]) Und diese Denkmäler, welche über die Grenzscheide des fünften Jahrtausend vor unserer Zeitrechnung hinausreichen, sie lassen nirgends die Anfänge einer sich erst bildenden Cultur errathen; ganz und fertig treten sie uns entgegen, ja sie zeigen uns bisweilen, — ich habe als Beispiel nur auf die Sculpturwerke dieser ältesten Epoche der menschlichen Geschichte überhaupt zu verweisen — eine Vollkommenheit und Vollendung, welche die spätere Zeit, selbst in ihren glanzvollsten Perioden, niemals erreicht hat.

Als ein sehr wesentliches Element dieser Denkmäler erscheint die Schrift nicht etwa in ihren Anfängen, sondern als ein ausgebildetes System, in cursiver zum Schreiben auf Papyrus geeigneter Gestalt und in ausgemeißelten, bunt bemalten ornamentalen Charakteren. Stein, Holz, Thierhäute und Papyrus dienten als Material zum Schreiben; die schwarze und die rothe Farbe, letztere gewöhnlich zur schärferen Bezeichnung neuer Satzglieder oder Text Anfänge, vertrat bereits die Stelle des flüssigen Schreibstoffes, und der Rohrgriffel oder der zugespitzte Holzstiel diente dem Schreibenden als Feder. Wir sehen in den Gräbern ein ganzes Volk von Schreibern, hoher und niederer Stellung, beschäftigt die viereckigen Tafeln mit Schriftzügen zu bedecken, hinter dem Ohre einen oder zwei Schreibgriffel führend, als müßten sie bei ihrer Arbeit häufig mit den hölzernen Federn wechseln. Sie schreiben nicht nur, sondern sie rechnen auch und bedienen sich zu ihren arithmetischen Operationen des dekadischen Zahlensystems. Und was sie, die bereits vor sechstausend Jahren dem Schooße der Erde übergeben worden, schrieben, es war nicht blos berechnet für Aufzeichnungen, welche das gewöhnliche Leben erheischte, sondern es verstieg sich bis zum philosophischen Gedanken hin. Lange vorher, ehe König Salomo seine Sprüche der Weisheit zum Nutz und Frommen der Nachkommen niederschrieb, hatte zu den Zeiten Königs Assa, d. h. als der Bau der Pyramiden in voller Blüthe stand, der ägyptische Prinz Ptahhotep Lehren der Weisheit gepredigt, welche den salomonischen in keiner Weise nachstehen. Ihm erscheint das Wissen als das Leben und die Unwissenheit als der Tod. Auf der 17. Seite des von ihm geschriebenen Papyrus, welcher gegenwärtig als eines der merkwürdigsten Ueberbleibsel des grauesten Alterthumes auf der kaiserlichen Bibliothek zu Paris aufbewahrt wird[6]), bemerkt der ägyptische Solomo: „der Thor er ist ungehorsam, er leistet nichts, er betrachtet das Wissen als Unwissenheit, die Tugend als Laster, — darum ist sein Leben wie der Tod". In ähnlicher Weise behandelt der altägyptische Königssohn in ächt philosophischem Sinne und in ruhiger, besonnener Weltanschauung alle nur möglichen Lebensverhältnisse.

Zur Zeit der Abfassung dieser Papyrus-Rolle, welche uns

bis zu den äußersten Grenzen aller schriftlichen Ueberlieferung hinaufführt, war nicht nur zu einem vollständigen, regelrechten System entwickelt, was mit dem Schreiben und der Schrift in näherem Zusammenhange steht; sondern auch der Begriff des Buches und die Bedeutung des schriftlichen Vermächtnisses findet sich in einer Weise ausgeprägt, welche uns mit hoher Achtung für die Ansichten und Lehren der ältesten Schreibmeister der Welt erfüllen muß. Auf der Schlußseite einer nur fragmentarisch vorhandenen Abhandlung des „ägyptischen Landvogtes Kakemni“, welche den Weisheitslehren Ptahhotep's voranging und ähnlichen Inhaltes war, findet sich gegen Ende des Werkes folgende beachtungswerthe Stelle: „Alles was geschrieben steht in diesem Buche, befolge es, gleichwie ich es gesagt habe, denn es wird zum Vortheil und Nutzen gereichen. Man soll es bei sich tragen und man soll es lesen, gleichwie es geschrieben steht. Besser ist es für die Seele eines Menschen als alles andere was im Lande ist.“[7])

In diesen Worten findet sich alles vereint, was über den Gebrauch der Schrift und das Verständniß des Lesens in so fern liegenden Zeiten Auskunft zu geben im Stande ist. Man schrieb, man trug das Geschriebene bei sich, um darin zu lesen und daraus Lehren und Nahrung für den Geist zu schöpfen Die schriftliche Ueberlieferung war bereits in vollem Schwange. Außerdem zeigt die Art zu schreiben nicht nur eine hohe grammatische Ausbildung und Vollkommenheit, sondern mehr als das, stylistische Färbungen und Eigenthümlichkeiten, die bis in das Gebiet des Witzes und der Ironie streifen. „Sage keinem Menschen Furcht ein, denn Gott will solches nicht; — heißt es in den Lehren der Weisheit des Königssohnes Ptahhotep,[8]) — „spricht Jemand vom Essen zum Leben, so hat er kein Brod für den Mund, spricht Jemand vom Reichthum und sagt: ich streiche mir Ziegel, so ist er erkannt; erzählt Jemand, er habe einen andern geschlagen, so möchte er seine Absicht erreichen bei dem, der ihn nicht kennt. Das flößt den Menschen keine Furcht ein." In ähnlicher Weise, wie oben bereits bemerkt, werden Lebensregeln für alle möglichen Verhältnisse im menschlichen Dasein gegeben, die heute zu Tage eben so gut ihre Geltung haben dürften, wie damals als man die Steine zum Bau der Pyramiden heranschleppte. Welche herrliche, goldene Regel für Kindererziehung liegt nicht in folgendem Spruche Ptahhotep's! „Wenn du ein verständiger Mann bist, so erziehe deinen Sohn in der Liebe zu Gott. Wenn er redlich ist, sich abmüht für dich, und dein Besitzthum im Hause mehrt, so gieb ihm den besten Lohn. Ist aber der Sohn, den du erzeugt hast, ein schlechter Mensch, so wende dein Herz nicht von ihm, denn du bist sein Vater; ermahne ihn. Wenn er aber lasterhaft wird, dein Gebot übertritt, alle Reden in den Wind schlägt und sein Mund von bösen Worten überläuft, so schlage ihn auf seinen Mund, gleichwie er es verdient."[9]) Welch eine moralische Höhe zeigen nicht die folgenden Worte des Königssohnes: „Wenn du vornehm geworden bist, nachdem du arm gewesen, und wenn du Schätze sammelst, nachdem du Mangel gelitten, und wenn du, darum der Erste in der Stadt bekannt wirst wegen deiner guten Lage und obenauf bist: so werde nicht übermüthig ob deines Reichthums, denn der Urheber des Segens ist Gott. Verachte nicht den andern, welcher ist gleich wie du warst. Er bleibt dein Nächster."[10]) Und wie sehr erinnert nicht schließlich die folgende Verheißung an ähnliche Aussprüche in der Heiligen Schrift: „Besser ist Gehorsam, denn alles was lieb und gut ist. Herrlich ist der Sohn, welcher aufnimmt die Rede seines Vaters. Er wird alt werden darum, denn es liebt Gott den Gehorsamen, aber den Ungehorsamen haßt Gott."[11])

Es ist ein wunderbares Walten des Schicksals, daß es unseren Tagen vorbehalten war, durch die Entzifferung der Schriftzüge jener ältesten Denkmäler Blicke in die Urgeschichte der Menschheit zu thun, die uns keine andere Forschung gestattet haben würde. Selbst die reiche Zahl von Monumenten, welche lange Jahrhunderte hindurch in Schutt und Staub begraben, an den Ufern des Euphrat und Tigris das Licht der Welt wieder erblickt haben und deren todter Mund von Neuem zu sprechen beginnt von der Macht und Herrlichkeit Babylons und Ninives und von der Weisheit der Assyrer, selbst jene Monumente gehören einer späteren Periode der Weltgeschichte an, in welcher der ewig arbeitende Menschengeist an den Ufern jener Ströme ein anderes, neues Centrum der Cultur aufbaute, das unabhängig vom ägyptischen, bereits im Hinwelken und Absterben begriffenen Geistesleben, seine Gedanken und seine Erfolge in der unbeholfenen Keilschrift ebensowohl riesigen Steinwänden als den frischen Thonziegeln in fünf und vielleicht noch mehr verschiedenen Idiomen mit scharfkantigem Griffel einprägte. Eine neue, unendlich complicirte Schrift, deren lebendiges Element das Sylbenzeichen ist, ohne jeden Fortschritt in dem schriftlichen Ausdruck des Gedankens.

Aber auch diese Schriftdenkmäler, welche gegenwärtig vor allem ganze Bibliotheken auf Thonziegeln umfassen, haben ihren unbestreitbaren hohen Werth für die Geschichte der Menscheit. Strahlte bisher im grauen Alterthume von den Ufern des Niles her das hell leuchtende Gestirn der Gesittung in das Dunke der Menschheit hinein, so erhob sich nun, in der zweiten großen Culturperiode, ein neuer Stern im Osten, der mit eigenem Glanze nach Westen hin leuchtend, mit den äußersten Lichtstrahlen des tiefersinkenden ägyptischen Nebengestirnes zusammentraf, und eine neue Welt, ein neues Leben auf dem Schauplatz der Menschheit wach rief.

Etwa tausend Jahre vor unserer Zeitrechnung regte sich dieser neue Weltgeist an den Küstenländern und auf den Inseln des Mittelmeeres, und das Beste, was Aegypten, was nach ihm Assyrien errungen und erstritten hatten an geistigen Eroberungen, die neue Welt empfing es mit frischem Sinne und offenem Urtheile, befreite das geistig Freie von den hierarchischen Fesseln und bahnte sich den Weg zu jenen Höhen, auf welchen der griechische Genius thronend eine neue Aera der Menschheit mit seiner Fackel erleuchtete. Als der Ruf erscholl: Kadmos ist gekommen! als die Buchstaben ihre Wanderschaft vom Osten her über Land und Meer begannen, da erst war der Bann gebrochen, welcher das Volk vom Volke trennte und das Wissen zum abgeschlossenen Eigenthum machte. Und die Buchstaben sie wurden zum Worte und „in ihm war das Leben, und das Leben war das Licht der Menschen."

Anmerkungen.

1) Vergl. Fr. Lenormant, Introduction à un Mémoire sur la propagation de l'alphabet phénicien etc. Paris 1861, S. 31 ff.

2) Dieser Nachweis gebührt dem um die Wissenschaft hochverdienten französischen Akademiker Vic. E. de Rougé.

3) Kosmos II., S. 161 ff.

4) Vergl. Kirchhoff, Studien zur Geschichte des griechischen Alphabetes. 2. Aufl. Berlin 1867. S. 1 ff. S. 130 ff.

5) Vergl. R. Lepsius geistreiche und lichtvolle „Einleitung zur Chronologie der alten Aegypter" (Berlin 1848), worin die Beweise unserer Behauptung über das Alter der ägyptischen Denkmäler übersichtlich und in der wünschenswerthesten Vollständigkeit zusammengestellt sind.

6) Der altägyptische Text ist von seinem Entdecker in einem treuen Facsimile veröffentlicht worden unter dem Titel: „Fac-simile d'un papyrus égyptien en caractères hiératiques trouvé à Thèbes, et publié par E. Prisse d'Avennes. Paris 1847.

7) Seite 2 Zeile 4 ff. der vorhergenannten Publication.

8) Seite 6 Zeile 8 ff. ebendort.

9) Seite 7 Zeile 10 ff. ebendort.

10) Seite 13 Zeile 6 ff. ebendort.

11) Seite 16 Zeile 5 ff. ebendort.